GUY DE LUBERSAC

LES

POUVOIRS CONSTITUTIONNELS

DU

PRÉSIDENT DE LA RÉPUBLIQUE

PARIS

ÉMILE-PAUL FRÈRES, ÉDITEURS

100, RUE DU FAUBOURG-SAINT-HONORÉ, 100

PLACE BEAUVAU

1913

[illegible]

[illegible]

[illegible]

LES

POUVOIRS CONSTITUTIONNELS

DU

PRÉSIDENT DE LA RÉPUBLIQUE

8° Le⁴

154

GUY DE LUBERSAC

LES

POUVOIRS CONSTITUTIONNELS

DU

PRÉSIDENT DE LA RÉPUBLIQUE

PARIS

ÉMILE-PAUL FRÈRES, ÉDITEURS

100, RUE DU FAUBOURG-SAINT-HONORÉ, 100

PLACE BEAUVAU

1913

INTRODUCTION

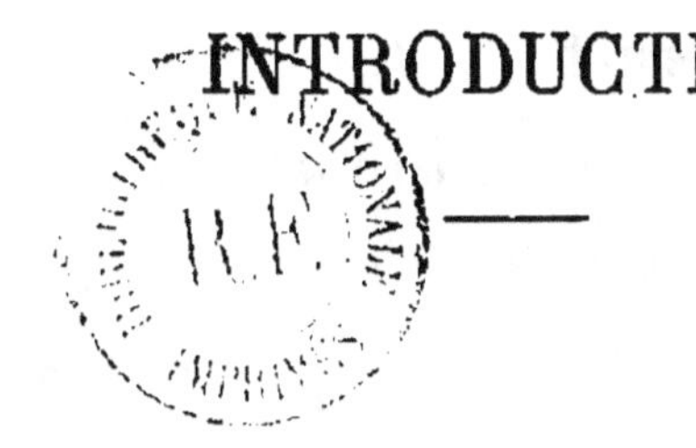

—

Le mardi, 5 novembre 1912, j'étais reçu au dixième étage d'un des gratte-ciel de New-York. Mon hôte était l'aimable prési-dent du Postal Telegraph and Commercial Cable, *compagnie dont les fils courent à tra-vers tous les États-Unis et relient, à l'Amé-rique, l'Europe, l'Asie et l'Océanie.*

A dix heures du soir, — à vingt-deux heures, si vous préférez, — nous avions été conviés, quelques personnes et moi, dans les

a

bureaux de cette compagnie, pour cueillir au vol les résultats de l'élection présidentielle télégraphiés, à New-York, des quatre coins de l'immense République américaine.

Dans le courant de la journée, seize millions d'électeurs avaient eu à choisir entre trois programmes politiques, représentés par MM. Wilson, Roosevelt et Taft.

Une carte des États-Unis pendait à la muraille. Au centre de chacun des quarante-huit États qui composent l'Union, était fixée une petite ampoule électrique, qui se teintait de bleu, de rouge ou de jaune, selon que tel ou tel candidat obtenait la majorité dans l'État.

Le bleu était la couleur de M. Wilson.

Jusqu'à minuit, la carte n'était parsemée que de lampes bleues. Il semblait que, d'un bout à l'autre de l'Amérique, M. Wilson allait être vainqueur, quand brilla, tout à coup, une lampe jaune ! C'était la couleur du colonel Roosevelt.

... Je ne pus m'empêcher de songer à l'influence et au prestige moral d'un président élu ainsi, par tout un peuple, au suffrage universel. Cet homme là devient, sans contredit, l'expression vivante de la volonté nationale.

La démocratie américaine n'a pas admis qu'un collège électoral restreint lui imposât tel ou tel président de République. Elle a voulu, dans toute l'acception du mot, rester souveraine.

*
* *

En France, le 18 janvier 1913, huit cent soixante-treize sénateurs et députés se réunissaient, en Congrès, au palais de Versailles, pour nommer le président de la République.

Le 16 janvier, sept cent quarante-huit parlementaires, à qui un petit groupe de pontifes radicaux-socialistes avait bien voulu décerner le titre de républicains, étaient convoqués dans la chapelle du Sénat pour désigner un candidat à la présidence. On vota par deux fois, et la discussion devint si ardente, qu'on allât jusqu'à redouter des voies de fait !

Le 17 janvier, le public stupéfait apprit que, dans la réunion plénière des gauches, on avait choisi un candidat présidentiel n'ayant d'autre titre de gloire que celui d'être un riche inconnu. Les gauches n'avaient pas cru devoir tenir compte des préférences du pays qui, pour la première fois depuis la *fondation de la République, je crois, s'étaient nettement manifestées en faveur d'un homme.*

Dans la soirée, on vit se former un syndicat étrange : l'Association des plus récents présidents du Conseil *qui s'étaient mutuellement renversés du pouvoir. Les membres de ce nouveau syndicat vinrent tous ensemble mettre M. Poincaré en demeure, au nom de la discipline républicaine, de renoncer à poser, le lendemain, à Versailles, sa candidature à la présidence !*

Jusqu'au soir du 18 janvier, à travers tout le pays, chacun se demanda avec anxiété quel allait être le verdict du Congrès ?

Au second tour de scrutin, M. Poincaré, quand même, fut élu.

Il nous a été pénible, comme à bien des Français, sans doute, d'assister à ces intrigues dangereuses et mesquines, et tout naturellement nous avons comparé ce que nous voyions en France avec ce que nous avions vu en Amérique.

La comparaison n'a pas été favorable à notre pays.

Chez nous, la présidence de la République apparaît comme une magistrature amoindrie, rapetissée.

Cet état de choses déplorable dépend-il de notre Constitution? C'est la question que nous nous sommes posée au cours de cette petite brochure.

M. Henry Leyret, qui a publié une étude

remarquable sur le **Président de la Répu-**
blique, *nous a servi de guide précieux, et
nos quelques réflexions, trop brèves pour ne
pas être incomplètes, ont été souvent motivées
par ce qu'il a écrit.*

*Dans les pages qui suivent, nous n'avons
fait que citer et analyser des textes, pour en
tirer des conclusions, d'après nous, conformes
à la logique et au bon sens. C'est une opinion personnelle que nous avons émise, et qui
n'a d'autre valeur que celle d'être sincère.*

G. L.

25 février 1913.

LES
POUVOIRS CONSTITUTIONNELS
DU
PRÉSIDENT DE LA RÉPUBLIQUE

I

M. L. Chènebenoit, qui est, sans contredit, au nombre des esprits juridiques les plus avertis, a fait, le 28 janvier dernier, dans le *Temps*, l'éloge du nouveau livre que M. Henry Leyret consacre à l'étude du rôle, des droits et des devoirs du président de la République, en France.

Cet intéressant ouvrage pouvait-il paraître, je vous le demande, à une heure

plus propice? Aujourd'hui chacun s'inté-
resse à la présidence de la République.
La personnalité de M. Poincaré a tout
spécialement attiré l'attention du public
sur l'Élysée, qu'on avait pris l'habitude
de considérer comme une sorte de maison
de retraite pour un président du Sénat
aspirant au repos, ou pour quelque parlementaire en vue, blanchi sous le harnais.
Nombreux même sont, à présent, ceux
qui, pris de curiosité, comme nous,
veulent connaître avec précision les prérogatives que la Constitution confère au
président de la République. Quels sont
les pouvoirs du Chef de l'État? Plus d'un
se le demande, avec le secret espoir,
j'imagine, qu'il ait celui de maintenir
dans son rôle législatif le Parlement sorti

de ses attributions, et devenu tyrannique et omnipotent.

C'est donc avec le plus vif intérêt que nous avons lu l'article de **M.** Chênebenoit, et suivi **M.** Leyret à travers toutes les pages de son livre, qu'il a formé en réunissant ses *Lettres* sur la présidence de la République, parues dans le *Temps*, au cours des cinq derniers mois de l'année 1912.

Devons-nous avouer que ni **M.** Chênebenoît, ni **M.** Leyret, malgré tout leur talent de persuasion, ne sont parvenus à nous convaincre qu'un président de la République soit, comme chef du pouvoir exécutif, suffisamment armé.

II

« Comment ! — allez-vous nous dire, — mais quels sont donc alors le sens et la portée des lois organiques du 25 février et du 16 juillet 1875 ?

Parcourons-les ensemble.

Le président de la République, rééligible, a l'initiative des lois, concurremment avec les deux Chambres. Il a le droit de faire grâce. Il dispose de la force armée. Il nomme à tous les emplois civils et militaires. Il préside aux solennités nationales. Il peut, sur l'avis conforme du Sénat, dissoudre la Chambre des députés avant l'expiration légale de

son mandat. Il a le droit de demander
aux Chambres la révision des lois constitutionnelles, de convoquer extraordinai-
rement le Parlement, et de l'ajourner
pendant un mois, par deux fois, dans la
même session. Il communique avec les
Chambres par des messages. Il peut,
dans le délai fixé pour la promulgation
d'une loi, adresser un message motivé
au Parlement pour lui demander une
nouvelle délibération qui ne peut être
refusée. Enfin, il négocie et ratifie les
traités.

Allez-vous encore oser soutenir, après
cette longue énumération, que le chef de
l'État est impuissant ? »

Eh bien ! oui, malgré cette accumulation
de prérogatives, nous continuons à pré-

tendre que celles-ci ne sont pas ce qu'elles paraissent être. Nous ne sommes point de l'avis de M. Chênebenoit, lorsqu'il écrit qu'il n'est pas possible de penser que les droits du président de la République lui ont été mesurés avec avarice. Nous ne partageons pas non plus l'opinion de M. Leyret qui, sans faire siennes les paroles de Gambetta prononcées à l'adresse de la droite de l'Assemblée Nationale : « Nous avons consenti à vous donner le pouvoir exécutif le plus fort qui ait jamais été constitué dans une démocratie! », croit pourtant que « nos lois constitution-
» nelles sont assez ingénieusement com-
» binées pour se prêter à un redressement
» désiré par l'opinion française. » Au risque, certes, de paraître téméraire, nous

nous permettrons d'émettre un doute
sur la possibilité d'un tel « redressement »
et sur la valeur réelle et effective de ces
pouvoirs nombreux conférés au président
de la République.

III

A notre sens, la loi du 25 février 1875,
dans son article 6 et dans le dernier paragraphe de son article 3, rend illusoires
toutes les prérogatives présidentielles :
« *Les ministres sont. solidairement responsables* devant les Chambres de la politique
générale du Gouvernement... *Le président
de la République n'est responsable que dans
le cas de haute trahison.* » (Art. 6).

« *Chacun des actes du président de la République doit être contresigné par un ministre.* » (Art. 3, *in fine*).

En résumé, le président est irresponsable, les ministres sont responsables.

N'est-ce pas, d'un seul trait, supprimer, pour le président, la possibilité d'exercer tous les droits dont virtuellement il dispose?

Frappé d'interdiction, il devient juridiquement une sorte d'incapable qui ne possède aucun pouvoir sans l'assistance, le contrôle et l'autorisation d'un conseil, le conseil des ministres.

La Constitution de 1875 innove. Pour la première fois, a-t-on dit, dans les annales de l'Histoire, on voit un Chef d'État *élu*, à qui l'on refuse la responsabilité.

Qu'en est-il fatalement résulté? Le président de la République est devenu « fantôme », comme l'a écrit quelque part M. Jules Roche, non pas seulement de son propre fait, mais aussi et surtout du fait de la Constitution. Le pouvoir exécutif, qui ne pouvait être exercé par un président irresponsable, l'a été par un ministère responsable. Logiquement, légalement, le président de la République, n'ayant d'autre auréole que celle dont l'entourent les lois organiques, n'ayant d'autre autorité que celle que lui confère la Constitution, a dû observer la neutralité la plus absolue.

Il ne lui est pas possible d'imposer aux ministres sa propre manière de voir. Il ne peut exiger d'eux qu'ils suivent telle ou telle ligne politique, engageant leur responsabilité et non point la sienne qui n'existe pas. Son irresponsabilité est cause qu'il lui est fait grief de manifester publiquement telle ou telle opinion pouvant être considérée comme un blâme à l'adresse des ministres responsables. Il semble que cet homme qui, du fait de son élévation à la présidence, se trouve diminué dans sa personne au point d'être affligé d'incapacité partielle, doive se contenter d'être un instrument plus ou moins docile entre les mains de ses ministres. Dans tous les actes du pouvoir exécutif exercé par le Cabinet, les fonctions du président de la République se trouvent réduites à celles d'avocat-conseil. Irresponsable, il n'a que voix consultative

dans les délibérations gouvernementales.
Il préside le conseil des ministres, il a
le droit d'y exposer ses vues, mais les
ministres n'ont pas le devoir de tenir
compte de son avis.

Le rôle du président de la République
est admirablement défini, ce nous semble, dans une lettre, en date du 27 février 1904, que le président adressait au
Saint-Siège, — car M. Loubet correspon-
dait avec le Pape! — : « Le président
doit se renfermer dans son *irresponsabilité
constitutionnelle* en ce qui concerne les
mesures gouvernementales, et s'abstenir
de tout acte personnel. *Il ne peut qu'offrir
ses conseils aux ministres...* Quant aux lois
et résolutions parlementaires, le *président
n'y intervient que par les ministres,* qui

sont eux-mêmes obligés de compter avec les majorités des deux Chambres. »

N'est-ce pas l'aveu manifeste de la plus complète impuissance ? Casimir-Perier l'avait, du reste, déjà déclaré le 15 janvier 1895, dans son message de démission : « La présidence de la République est dépourvue de moyens d'action et de contrôle. »

Cette situation légale d'infériorité du président est si bien admise et reconnue par tous, qu'on a vu un président du Sénat, par exemple, empêcher un sénateur de faire intervenir, à la tribune, la personne du président de la République alors qu'il s'agissait seulement d'invoquer une des soi-disant prérogatives présidentielles. M. Chênebenoît relate l'incident. Il

dit que ce sénateur, le général Billot, ne
faisait, après tout, que citer la Constitution, et laisse malicieusement entendre
que l'intervention du président du Sénat,
peut faire supposer que celui-ci ignorait,
peut-être, la clause de la Constitution à
laquelle il était fait allusion. Je demande
à M. Chênebenoit s'il n'est pas plus vrai-
semblable de penser que le président
du Sénat ait simplement voulu s'opposer
à ce qu'on mît en cause le chef de l'État
légalement incapable, et qu'on lui rap-
pelât ainsi ses prérogatives fallacieuses.
M. Eugène Pierre n'hésite pas à écrire,
dans son fameux *Traité de Droit politique
et parlementaire*, que le président de la
République « ne peut exercer les attributions qui lui sont conférées par les lois

constitutionnelles que sur *l'initiative* et *sous la responsabilité* de ses ministres ».

Pas de responsabilité, donc pas d'initiative.

Voilà, en somme, à quoi se réduisent les pouvoirs présidentiels

IV

« Dans sa sphère légale, — écrit M. Leyret, — le président de la République doit avoir une latitude d'action, une part d'autorité telles qu'il puisse faire sentir son influence, ne serait-ce en somme que pour justifier son existence devant le pays, pour ne pas paraître à ses yeux un simple mannequin.

» Si ce principe d'action n'était pas lié à la présidence de la République, on ne s'expliquerait pas, sans aller plus loin, en vertu de quelle règle la première prérogative du chef de l'État constituerait l'acte le plus considérable du gouvernement, c'est-à-dire le choix et la révocation des ministres. »

Halte-là !... Examinons, sans tarder, la valeur de l'argument invoqué par M. Leyret.

Le paragraphe 4 de l'article 3 de la loi du 25 février 1875 est formel : « Le président nomme à tous les emplois civils et militaires. » Il a donc le droit de nommer les ministres. Mais, en pratique, voyons comment cela se passe et comment, surtout, par la force des choses, cela doit se passer. Voyons, si l'on peut dire, qu'en fait comme en droit, le président est libre de faire appel à tel ou tel concours et de constituer tel ou tel Cabinet ?

En cas de crise ministérielle, le président de la République consulte d'abord les présidents du Sénat et de la Chambre. Ce n'est point, soyons-en convaincus, par simple mesure de courtoisie, mais bien parce que ces personnages sont plus à même que quiconque, grâce à leurs fonctions, d'aider le président de la République à distinguer la direction politique dans laquelle la majorité du Parlement exige que le gouvernement se meuve. Le rôle du président consiste à trouver la résultante des forces qui composent les diverses tendances des deux Chambres, pour pouvoir désigner l'homme, ou l'un des hommes, susceptible d'évoluer en ce sens. C'est l'un de ces hommes qu'il s'agit de découvrir, et c'est lui que le président doit choisir. Pourquoi ne peut-il, sans imprudence, en nommer d'autre? Pour la raison bien simple que le chef du Cabinet est, avec tout son ministère, responsable devant les Chambres, et que s'il déplaît à la majorité, il sera, sans aucun doute, bientôt renversé du pouvoir.

La prérogative réside donc seulement dans le choix que le président peut faire entre quelques chefs de groupe politique capables de plaire plus ou moins à la majorité. Elle ne s'étend pas plus loin.

2.

Libre, dans ces limites, de nommer le président du Conseil, l'est-il aussi de choisir les autres membres du Cabinet? Le président de la République, selon la formule d'usage, confie, à M. X... ou à M. Y..., la mission de constituer le ministère. Ce n'est donc pas lui, président de la République, qui le forme; son rôle consiste, tout au plus, à agréer ou à refuser les candidats que le futur chef du Cabinet lui propose.

Comment, du reste, pourrait-il en être autrement? Imaginez-vous un président du Conseil, qui accepterait de prendre, solidairement avec d'autres ministres, la responsabilité du pouvoir, alors qu'il n'a pas été autorisé à désigner lui-même ses collaborateurs, alors que c'est un président de la République irresponsable qui les a nommés ?

A ce propos, M. Leyret, avec toute l'impartialité d'historien dont il s'est fait une règle absolue au cours de son livre, rappelle un fait curieux. C'était au mois de décembre 1877, le maréchal-président, invoquant ses prérogatives constitutionnelles, voulut imposer à M. Dufaure certains titulaires de son choix pour les Affaires Étrangères, la Guerre et la Marine ; M. Dufaure s'y refusa catégoriquement. Le maréchal dut s'incliner : « Messieurs, vous voyez, dit-il, ma position, je suis obligé d'accepter vos conditions. »

Pour comble, — et n'oublions pas ce détail que je me dispense de qualifier, — le décret nommant le nouveau président du Conseil, doit-être contresigné par le président du Conseil sortant!

*
* *

Et maintenant, voyons un peu ce qu'il en est du droit de révocation.

Le président de la République peut-il révoquer un ministre? C'est pour lui un « droit absolu », affirme M. Leyret. Je ne me permettrais pas, pour ma part, d'être aussi catégorique. J'ai déjà cité cet article de la loi organique de février 1875 : « Le président nomme à tous les emplois civils et militaires. » La loi n'en dit pas davantage. Son silence est tout au moins étrange. Devons-nous, quand même, en conclure que le président ait réellement le droit de révocation? Que trouve-t-on, en effet, inscrit dans les Constitutions qui, depuis 1791, ont régi la France? (Nous ne parlons pas des constitutions et chartes de l'Empire, de la Restauration et de la Monarchie de Juillet qui, bien entendu, donnaient au souverain le droit de révocation).

« Au Roi seul appartiennent le choix et la *révocation* des ministres. » (Constitution du 3 septembre 1791).

« Le directoire nomme, hors de son sein, les ministres et les *révoque* lorsqu'il le juge convenable. » (Constitution du 5 fructidor an III.)

« Le premier consul nomme et *révoque* à volonté les ministres. » (Constitution du 22 frimaire an VIII).

« Le président de la République nomme et *révoque* les ministres. » (Constitution du 4 novembre 1848.)

Et, jusque dans la loi Rivet de 1871, il est stipulé que « le président de la République... nomme et *révoque* les ministres. »

Or, durant la discussion des lois organiques actuellement en vigueur, la Constitution de 1848 a, sans cesse, été sous les yeux du législateur; il y est fait plusieurs fois allusion dans les débats de l'Assemblée Nationale qui ont précédé le vote de ces lois. D'autre part, en 1875, la loi Rivet avait à peine quatre ans d'existence. N'y a-t-il pas lieu de supposer alors que cette omission du droit de révocation, dans le texte de la Constitution, n'est pas due au simple hasard et que le législateur n'a pas voulu reconnaître ce pouvoir au président? C'est du moins, l'opinion que M. Joseph Reinach émet dans le *Temps* du 23 février 1903 : « Le président... ne peut pas, en effet, révoquer les ministres... » Quant à M. Eugène Pierre, dont le nom fait autorité dans toutes ces matières, il s'exprime ainsi : « Dans un régime parlementaire, le droit de révoquer les ministres est purement fictif; il n'a jamais l'occasion de s'exercer ».

Ne peut-on point pourtant, à ce propos, rappeler quelque précédent historique? On a souvent prétendu que le 16 mai 1878, le maréchal-président avait révoqué le cabinet Jules Simon. Il est incontestable que, dans son message du 19 mai, le président déclare : « J'ai dû me séparer du ministère que présidait M. Jules Simon et en former un nouveau » ; mais le *Journal officiel* du 17 mai, d'autre part, publie cette note : « les ministres ont offert leur démission au président de la République qui l'a acceptée. »

Il semblerait donc plus exact de conclure, avec Casimir-Perier, que « le maréchal de Mac-Mahon a obtenu la démission de Jules Simon ». Il n'y a pas eu de révocation proprement dite.

***

Soyons généreux et reconnaissons, un instant, au président de la République le droit de révocation. Comment lui serait-il possible d'exercer ce droit ? Casimir-

Perier a très justement posé cette question
à laquelle on n'a pas, que je sache, encore
répondu : « Même un décret révoquant un
ministre doit être contresigné. Par qui ?
C'est ce qui reste à trouver. »

Je ne me figure pas aisément un président de la République proposant à un
chef de Cabinet de contresigner sa propre
révocation de ministre. Il doit s'ensuivre
un entretien piquant auquel, pour ma
part, je serais curieux d'assister. Le plus
sûr moyen pour le président de la République d'obtenir, en ce cas, gain de cause,
serait, je crois, de s'armer d'un browning,
tel Enver bey lorsqu'il est venu exiger les
démissions de Nazim et de Kiamil
pachas.

V

Continuons, si vous le voulez bien, cette revue des droits du président de la République.

Il « peut, sur l'avis conforme du Sénat, dissoudre la Chambre des députés, avant l'expiration légale de son mandat. » Il faut donc déjà que la majorité absolue des sénateurs votants accorde au président l'autorisation de procéder à une dissolution. C'est, par conséquent, pour le président un droit qu'il lui est impossible d'exercer à lui seul, un droit qu'il partage avec le Sénat. Mais ce n'est pas tout. Pour demander « l'avis conforme » du

Sénat, il faut encore que le président de la République adresse, à la Haute Assemblée, un message contresigné par le président du Conseil, dont celui-ci prenne l'entière responsabilité en le déposant lui-même sur le bureau du Sénat.

Le rôle du président de la République se trouve ainsi relégué au second plan. Ce qui reste de cette prérogative, déjà diminuée par l'intervention du Sénat, semble bien plutôt appartenir au président du Conseil, chef du gouvernement responsable pendant la période électorale qui suivra la dissolution.

Il serait donc plus juste de dire que le président du Conseil peut, sur les avis conformes du président de la République et du Sénat, dissoudre la Chambre des

députés avant l'expiration légale de son
mandat.

N'est-il pas, du reste, logique que le
rôle d'une personne responsable prime
celui d'une personne qui ne l'est pas ?

VI

Dans le droit reconnu au président de
la République de demander aux Chambres, par un message motivé, une nouvelle délibération d'une loi, délibération
qui ne peut être refusée, certains ont
voulu voir le rétablissement du *veto*.
« C'est faire revivre le *veto* suspensif ! »
disait M. Madier de Montjau, le 21 juin
1875, à l'Assemblée nationale. Voyons
donc s'il est exact que le président de la

République puisse, un beau jour, devenir *M. Veto* ?

Le 16 février 1905, le général Billot, adversaire déclaré de la loi militaire de deux ans, qu'il qualifiait de « péril national », déplorait en termes amers, du haut de la tribune du Sénat, le vote de cette loi. Il ne conservait plus qu'une seule espérance, celle de voir le président de la République provoquer une autre délibration.

Quelques jours plus tard, le 22 février, Casimir-Perier adressait, à ce propos, une lettre ouverte au *Temps* :

« Le général Billot a fait appel au chef de l'État. Qu'espère-t-il de lui ?

» Le président de la République peut adresser au Parlement un message motivé pour demander une nouvelle délibération, mais le message doit être contresigné par un ministre, et les idées du message ne peuvent être défendues que par le ministère.

» Le général Billot a trouvé impossible pour le président du Conseil et le ministre de la guerre de se contredire et d'inviter le Sénat à suivre leur exemple en se déjugeant : il charge le président de la République de le leur demander. Car le président de la République ne peut rien par lui-même ; il peut valablement mettre sa signature à côté d'une autre, si on le lui demande ; mais, sauf sa démission, tout ce qu'il est seul à signer ne constitue qu'un autographe de collection. »

Le 23 février, M. Joseph Reinach répond à Casimir-Perier. D'après lui, deux cas seulement peuvent se présenter. Ou bien une loi émane de l'initiative ministérielle, ou bien de l'initiative parlementaire.

Dans la première éventualité, le président de la République — d'après M. Reinach — serait mal venu à demander pour cette loi une seconde délibération, car le message réclamant une nouvelle délibération doit être motivé, et le président de la République a déjà approuvé la loi, avant même qu'elle soit votée, puisqu'aucun projet de loi ne peut être déposé sur le bureau de la Chambre sans être revêtu de la signature présidentielle.

Ce raisonnement de M. Joseph Reinach

qui, à première vue, paraît irréfutable, n'est, au fond, que spécieux.

D'abord, d'une façon générale, est-il conforme à l'esprit de la Constitution que le président de la République irresponsable, alors même qu'il désapprouve un projet de loi, s'oppose à le signer lorsqu'un ministre responsable le lui demande? A-t-il le droit d'entraver ainsi l'œuvre gouvernementale?

Nous savons, grâce à des renseignements précieux et dignes de foi, qu'il s'est trouvé parfois qu'un président refuse sa signature à un ministre. C'est, à notre avis, la meilleure preuve que notre Constitution est défectueuse, car c'est démontrer que le président de la République est, par ailleurs, à ce point désarmé que, dans certains cas, il s'est vu contraint d'user d'un procédé de résistance peut-être contraire à la Constitution !

Un chef d'État constitutionnel irresponsable, comme on l'a écrit à propos du roi d'Angleterre, doit, si un ministre le lui demande, signer jusqu'à son propre arrêt de mort. Autrement, c'est admettre que par une résistance passive, il puisse s'opposer à la volonté ministérielle et à la marche des affaires; et cela, chez nous, sans que le Parlement et le public en soient même avertis, puisque la personne du président de la République ne peut être mise en cause.

Rien ne nous paraît plus dangereux, sous un régime démocratique, qu'un pouvoir occulte de ce genre.

Mais, si vous le voulez bien, revenons à M. Reinach et à son raisonnement, et envisageons maintenant la question à un autre point de vue. Ne peut-on pas supposer qu'une loi, d'abord approuvée par le président de la République, ne lui apparaisse comme mauvaise après les critiques qui en auront été faites pendant sa discussion à la Chambre et au Sénat, tandis qu'au contraire le ministre qui en est l'auteur continue à la trouver opportune? Dans ce cas, on pourrait concevoir que le président eût le désir de demander au Parlement une seconde délibération. La situation délicate indiquée par Casimir-Perier se présenterait alors tout entière.

Examinons la seconde éventualité. Une

loi émane de l'initiative parlementaire et
a été acceptée par les ministres. « Pourquoi — dit M. Reinach — les ministres
se refuseraient-ils *forcément* à contresigner
le message, *légitime cette fois*, du président de la République qui n'a point
présenté la loi ou qui en avait conçu une
autre ? »

Rien ne dit, en effet, qu'un ministre
doive *forcément* refuser de contresigner ce
message. Malgré cela, il nous est difficile
de concevoir quelle serait au Parlement
l'autorité d'un ministre qui, après s'être
rallié à une proposition de loi, après l'avoir
approuvée à la tribune de la Chambre et
à celle du Sénat, consentirait ensuite à
prendre la responsabilité d'un message
qui blâmerait la loi qu'il a soutenue.

Ce ministre versatile perdrait toute considération, je suppose, aux yeux du pays.

La réponse adressée par M. Reinach à Casimir-Perier ne paraît donc pas concluante, et le *veto* suspensif de nos présidents de la République, constitutionnellement infirmes, reste chose peu redoutable.

VII

Toutes, ou presque toutes les autres prérogatives constitutionnelles du président de la République ne lui appartiennent pas davantage en propre. Elles sont l'apanage du « pouvoir exécutif, qui n'est pas le président irresponsable, mais les ministres responsables ».

En dehors de sa démission personnelle, qu'un président est toujours en droit de donner sans contreseing ministériel, il n'y a que trois cas, ce nous semble, où il puisse librement agir :

1° Un président, arrivant au terme de sa magistrature, n'a pas besoin de l'autorisation du Cabinet pour poser de nouveau sa candidature ;

2° Sans ministres, il préside, s'il lui plaît, aux solennités nationales ;

3° Il peut prendre le commandement des armées de terre et de mer.

Ici, je m'arrête un instant. Il paraîtra, sans doute, étrange qu'une Constitution qui diminue, amoindrit, la personne

du président de la République, au point
d'en faire parfois une sorte d'image vir-
tuelle, lui accorde, tout à coup, un droit
exorbitant. Le président de la République
possède incontestablement le droit de
commander en chef nos armées et nos
escadres. Nous pouvons donc être appelés
à voir un président civil se mettre, en
cas de mobilisation, à la tête de nos
troupes !

Cette éventualité invraisemblable rentre
néanmoins dans le domaine des choses
légales.

Comment donc expliquer cette anomalie
dangereuse ? M. Barthe, à l'Assemblée
nationale, avait repris, à titre d'amendement, le texte de l'article 50 de la Constitution de 1848 qui stipule que le prési-

dent « dispose de la force armée sans jamais la commander en personne ». Cet amendement vint en discussion le 1er février 1875. Le général Chabaud La Tour, ministre de l'Intérieur, déclara que si ce texte était adopté le maréchal Mac-Mahon « n'hésiterait pas vingt-quatre heures à déposer le titre de président de la République. » M. Barthe retira son amendement, et l'Assemblée, par déférence pour le maréchal, reconnut au président de la République le droit, sans aucune restriction, de disposer de la force armée.

N'y aurait-il pas lieu, sur ce point spécial, de réviser, à présent, la Constitution ?

VIII

Je voudrais, avant de conclure, répondre
par avance à certaines objections qui vont,
sans doute, m'être faites. Les voici : « Comment expliquer que ce président légalement invalide et impuissant, qui ne peut,
à l'exception de quatre prérogatives, exercer librement aucune de celles que lui
confère la Constitution ; comment expliquer qu'il ne se soit trouvé personne dans
l'Assemblée nationale pour le dépeindre
sous ses traits véridiques et réclamer pour
lui des pouvoirs réels ? Au lieu de cela
que s'est-il passé ? Des protestations les
plus vives se sont élevées sur certains

bancs de l'Assemblée contre les prérogatives qu'on accordait au président et qui étaient considérées comme excessives.

» ... D'autre part prenez la peine de jeter un coup d'œil sur les pouvoirs d'un roi constitutionnel, du roi d'Angleterre par exemple, et dites-moi si, en France, les prérogatives du président de la République ne sont pas comparables à celles de ce souverain. »

*
* *

Procédons par ordre. Pour répondre à la première question, feuilletons, tout d'abord, le compte rendu des débats de l'Assemblée nationale.

4.

Les lois organiques ont soulevé principalement les critiques de la gauche de l'Assemblée. MM. Marcou, Louis Blanc et Madier de Montjau se chargent de conduire l'assaut. Dans la séance du 7 juillet 1875, M. Marcou pose ces questions : Est-ce une République démocratique ou une République monarchique que l'on prétend établir ? Qu'est-ce que cette irresponsabilité qui est une nouveauté étrange sous une République démocratique ? Vous espérez faire du président « une espèce de roi fainéant. » Vous croyez « qu'il se contentera d'être une simple machine, un vrai soliveau ». Quelle erreur ! Vous ne ferez jamais croire au pays que le président est là « uniquement pour occuper le fauteuil du pouvoir en attendant qu'il le cède à un autre ». L'irresponsabilité est une faculté « presque surnaturelle, incompréhensible... »

A son tour, M. Louis Blanc, le 21 juin 1875, s'exprime ainsi : «... Bref, Messieurs, nous avons un roi moins l'hérédité. »

Et M. Madier de Montjau, dans la même séance : « ... Je ne veux pas achever de constituer cette République qui serait bien, en effet, la meilleure des monarchies. »

Les critiques contenues dans tous ces discours nous laissent deviner quelles pouvaient être les craintes d'une partie de l'Assemblée.

La gauche redoutait toute œuvre constitutionnelle entreprise par cette Assemblée dont la majorité n'était pas républicaine. L'Assemblée nationale avait bien voté la République, mais à une voix seulement de majorité, et tiraillée par quels sentiments divers ! « Ce qui me rassure, c'est que je vois une compétition entre trois dynasties », déclare M. Marcou. « Les prétendants sont trois pour une seule place, ils se jalousent, s'observent. A vrai dire, on dirait qu'ils montent la garde dans le vestibule de la République pour empêcher l'un et l'autre d'y pénétrer... Ces trois dynasties ne sont pas près de s'entendre. Deux d'entre elles ont essayé de s'embrasser pour faire la monarchie ; elles ont échoué, et cet avortement a précisément creusé l'abîme entre ces deux prétendants ». C'est à la faveur de ce désaccord que, le 30 janvier 1875, l'amendement Wallon, qui ne parlait plus d'organiser les pouvoirs présidentiels du maréchal Mac-Mahon, mais bien de définir ceux du président d'une République définitive, fut voté par 353 voix contre 352. Prenez maintenant la liste des votants qui composent cette majorité, et voyez s'il ne s'y est pas glissé des noms de couleur nettement antirépublicaine. Légitimistes, orléanistes, bonapartistes, par haine et jalousie les uns des autres, préféraient la République à la venue au pouvoir du prétendant qui n'était pas le leur.

Cette majorité antirépublicaine disparate ne voulait pas faire œuvre républicaine durable. Aucune méthode dans l'élaboration de ces lois constitutionnelles. On n'a posé aucun principe, on n'a planté aucun jalon pour indiquer la direction et l'esprit des lois futures : lois organiques ou de détail. On a débuté, on a continué, sans vue d'ensemble, sans savoir au juste de quel point on partait, par quels chemins on voulait passer, à quel point précis on voulait aboutir. Aucune idée directrice. La plupart de ceux qui votaient ces lois organiques le faisaient à contre-cœur. S'ils ne combattaient pas tous les articles de cette Constitution, c'est qu'ils imaginaient que le maréchal Mac-Mahon serait le dernier président de la République, installé seulement à l'Élysée jusqu'au jour où un souverain viendrait le remplacer. En votant les lois de 1875, les uns travaillaient pour leur roi, les autres pour leur empereur.

De là, les critiques violentes du parti républicain radical. « Nous ne devons pas augmenter les pouvoirs du gouvernement... Le pouvoir exécutif est trop fort en France, il faut l'amoindrir », dit M. Marcou. M. Louis Blanc ajoute : « La nation, dans une République, étant le souverain, la loi étant l'expression de sa volonté, les législateurs étant ses mandataires, toute atteinte portée au pouvoir législatif est une atteinte portée à la souveraineté même de la nation.

» ... Quel est-il donc, ce président ? D'où vient-il ? Est-ce qu'il a un long passé qui environne sa personne et son pouvoir d'une auréole plus ou moins auguste ? Est-ce que c'est un président de droit divin ? Est-ce qu'il n'émane pas de cette

Assemblée qui l'a nommé, qui l'a choisi comme son agent et son délégué ?... Comment ! le subordonné, le délégué, le commis, l'agent, sera plus fort que le maître ? »

M. Laboulaye, rapporteur de la loi, qui voyait peut-être plus clair que les autres au milieu d'une situation politique aussi compliquée, ne partageait pas les craintes de la gauche radicale, parce qu'il ne croyait pas, sans doute, à la restauration prochaine d'une monarchie quelconque. Le discours qu'il prononça pour défendre le projet de loi, voté le 16 juillet 1875, fut un modèle de pondération et de sagesse. Il établit d'abord, très nettement, la distinction qu'il s'agit de faire entre les pouvoirs exécutif, législatif et judiciaire.

Le pouvoir exécutif ne doit pas être « le subordonné du pouvoir législatif ». Et il donne, ce me semble, une définition exacte du régime qu'on établissait alors en France : « Notre gouvernement nouveau est une république parlementaire, c'est-à-dire une république où *tout repose sur la responsabilité ministérielle* ». C'est là, croyons-nous, l'exacte vérité.

Tout repose sur la responsabilité ministérielle; donc rien ne peut relever de l'irresponsabilité présidentielle.

*   *
*

Un souverain qui n'aurait ou qui n'a que les prérogatives conférées à notre président de la République se trouve-

t-il être dans le même état d'infériorité
que lui ? C'est à cette question que nous
voudrions maintenant répondre.

Un souverain n'est pas, comme notre
président, l'élu du pouvoir législatif. Il
perd ainsi cette tache originelle qui le
met, malgré tout, en état de dépendance
vis-à-vis du Parlement. Notre président
tient, quoi qu'on dise et quoi qu'on
fasse, son autorité des Chambres; il leur
en est redevable. Dans ces conditions,
l'équilibre nécessaire au bon fonctionnement de la balance gouvernementale, et
qui doit exister entre les pouvoirs exécutif et législatif, se trouve être rompu au
profit de ce dernier. Vous imaginez-vous,
en effet, combien fausse serait la situation
d'un président de la République, élu

par le Sénat et la Chambre, et venant
adresser au nom de la nation, des remon-
trances à ces Assemblées ?

Un président dont les pouvoirs réels,
du fait de la Constitution, sont à ce point
réduits, doit remplacer par autre chose
l'autorité légale qui lui manque. Il lui
faut, comme disait Casimir-Perier, puiser
« dans la confiance de la nation, la force
morale sans laquelle il n'est rien. »

Cette force morale, le roi d'Angleterre
la possède. Elle a des racines séculaires
poussées à travers toute l'histoire de la
Grande-Bretagne. A chacune de ses glo-
rieuses pages vous trouverez, en effet, les
traces des concessions mutuelles que se
sont consenties la Couronne, les Lords et
les Communes, illustre trinité qui a fait

du Royaume-Uni le plus formidable des empires. La Couronne, en Angleterre, ne doit rien à un pouvoir constituant, ne doit rien à une loi organique spéciale. La *Grande Charte* de 1215, la *Déclaration des droits* de 1688 et l'*Acte d'établissement* de 1701, que l'on considère souvent comme les sources de la Constitution anglaise, ne sont pas des pièces de la même nature que les diverses Constitutions qui, en France, depuis la Révolution, ont bel et bien créé des pouvoirs et des autorités qui jusqu'alors n'existaient pas. Cette *Déclaration* et cet *Acte* sont simplement « des traités un peu plus solennels que les autres » codifiant des usages et précisant les limites que la coutume avait déjà tracées à des pouvoirs préexistants. Les prérogatives du roi d'Angleterre n'ont donc pas leur origine dans une loi, il faut, pour en saisir l'évolution, consulter toute l'histoire du pays, depuis sa formation jusqu'à nos jours.

Au lieu de cela, pour connaître l'acte constitutif des pouvoirs du président de la République, en France, il suffit de lire deux lois, celles du 25 février et du 16 juillet 1875. Notre président n'a pas d'autres titres de noblesse, il n'a pas d'autres parchemins. Ils ne sont vraiment pas à comparer, semble-t-il, avec ceux du roi d'Angleterre !

Et puis, est-il véritablement possible, pour toute personne raisonnant sans idée préconçue, de comparer un de nos présidents de la République, qui ne peut même pas être de sang royal, d'après la loi de revision constitutionnelle des 13 et 14 août 1884, avec le souverain de la Grande-Bretagne et de l'Irlande, l'empereur des Indes, qui, allié à toutes les cours souveraines d'Europe, est plus à même que personne, dans son pays, de jouer un des premiers rôles de politique extérieure?

Les prérogatives du roi d'Angleterre et celles du président de la République peuvent être les mêmes, mais l'un a l'autorité morale qui manque à l'autre pour être un des principaux serviteurs de l'État.

Ce sera donc seulement par un concours de circonstances tout à fait indépendant de notre Constitution, qu'un président de la République, doué d'une

intelligence hors pair, se sentant soutenu
par la nation, pourra devenir un rouage
utile et de premier ordre dans la machine
publique. Les avis qu'il donnera dans
les Conseils du gouvernement acquerront
alors tout leur poids, non plus du fait
des lois organiques de 1875, mais du fait
de sa popularité et de sa valeur person-
nelles.

IX

Pour rétablir l'équilibre entre les pouvoirs, pour donner à l'exécutif l'indépen-
dance nécessaire au bon fonctionnement
de la République et garantir ainsi la
liberté des citoyens en limitant un pouvoir par un autre, on en vient à conclure

qu'un nouveau mode d'élection du président s'impose.

Il est, en effet, profondément irrationnel qu'un président soit une créature du Parlement quand ses fonctions le destinent, le cas échéant, à rappeler aux Chambres les limites que la Constitution leur a fixées et qu'il leur est interdit de franchir.

Si le président doit être le gardien de la Constitution, donnez-lui donc les moyens de remplir ce rôle !

Rapprochez-le de la nation, qu'il représente dans ses fonctions exécutives comme le Parlement la représente dans ses fonctions législatives, puisque c'est de la nation qu'il doit tenir le principe même de son autorité.

Sans chercher ici, le moins du monde, à faire œuvre de parti, il semble que l'examen impartial de la Constitution de 1875 nous force à reconnaître qu'elle ne correspond pas aux besoins et aux nécessités d'une grande démocratie comme la nôtre.

« Offrir des conseils aux ministres », est une fonction dont ne peut se contenter un Chef d'État. Nous estimons qu'un président de la République doit jouer un rôle plus actif dans le gouvernement.

C'est, du moins, aujourd'hui, croyons-nous, l'opinion de beaucoup de Français qui, effrayés par l'ingérence parlementaire, non seulement dans le domaine exécutif, mais encore dans le domaine judiciaire, voudraient, pour le plus grand bien de la République, que, d'une façon rationnelle, la Constitution fût révisée. Ils redoutent, sans cela, que le pays, exaspéré par le despotisme sans cesse croissant du pouvoir législatif, n'en vienne à se charger lui-même de refaire la Constitution.

Ce jour-là, la République aurait vécu !

FIN

PARIS. — IMPRIMERIE CHAIX. — 3668-2-13. — (Encre Lorilleux).

www.ingramcontent.com/pod-product-compliance
Lightning Source LLC
LaVergne TN
LVHW020548060726
842525LV00004B/1347